With special appreciation
to my teacher

LURDES SARAMAGO CHAPPELL

PERA E PEDRA
PEAR AND STONE

BILINGUAL POEMS IN PORTUGUESE AND ENGLISH
SONJA N. BOHM

WorldsAspire

Copyright © 2023 by Sonja N. Bohm. All rights reserved.
Published by Sonja N. Bohm

ISBN 979-8-218-33036-1

Pera e Pedra / Pear and Stone: Bilingual Poems
in Portuguese and English.

First Edition

All rights reserved. No part of this book may be reproduced or utilized in any form or by any means, electronic or mechanical, including photocopying and recording, or by any information storage or retrieval system, without permission in writing from the Publisher.

The poems listed in the section "Selections from Empty Bench Poetry" are from the 2022 collection Banco Vazio Poesia / Empty Bench Poetry by Sonja N. Bohm.

Cover image and design by Sonja N. Bohm.
Interior images by Sonja N. Bohm unless otherwise credited.

your dreams are my own
for I've given you a name
and that name is Love

MARÉ ENCHENTE

A CATALPA

Floresce a *catalpa*
nos Jardins da Parede —
como eu, uma estranha.

FLOOD TIDE

THE CATALPA

The *catalpa* blooms
   in the Gardens of Parede—
a stranger like me.

A PRIMEIRA LUZ

Eu chegava com os pombos
que pousavam na esplanada, —
com a primeira luz que entrava
pela vidraça da janela
para encontrar os teus olhos.

THE FIRST LIGHT

I arrived with the pigeons
 that landed on the terrace,—
with the first light that entered
through the windowpane
to meet your eyes.

Vim como uma estranha,
mesmo como amiga;
mas cantei como um amante
e apaixonei-me por ti.

I came as a stranger,
   even as a friend;
but I sang like a lover
and fell in love with you.

RESPIRO

O meu fôlego vem de Deus,
mas foste tu que eu soprei
para dentro destes versos.

I BREATHE

My breath comes from God,
but it was you whom I breathed
into these verses.

CANÇÕES DE EMBALAR

Não te vou manter acordado,
vou cantar-te para descansares;
pois lembramo-nos mais, desde a infância,
das canções de embalar
do que dos assuntos do dia a dia.

LULLABIES

I'll not keep you awake,
   I'll sing you to rest;
for we remember best, since childhood,
the lullabies
more than the affairs of the day.

SE SOUBESSE

Não sei o que torna os dias longos,
mas dar-te-ia a paz do céu—
se pudesse.
Nem sei o que seca as lágrimas,
mas partilharia esse segredo—
se soubesse.

IF I KNEW

I don't know what makes the days long,
  but I'd give you the peace of heaven—
    if I could.
Nor do I know what dries the tears,
but I'd share the secret—
    if I knew.

Este dia é longo, mas perdoador;
pois sei que traz

a tão esperada noite

em que os trabalhos cessam;—

quando a mente e as mãos

estarão ocupadas

com alegrias que satisfaçam

e tragam a paz.

This day is long, but forgiving;
for I know that it brings

the long-awaited night

in which labors cease;—

when mind and hands

are occupied

with joys that satisfy

and bring peace.

O MEU DESEJO (UM NOTURNO)

Vou tirar o amargor dos teus lábios;
de onde escorre, vou beber,—e vou sentir

o teu peso nos meus próprios ombros,—

deixando-te em paz para dormir.

MY DESIRE (A NOCTURNE)

I'll take the bitterness from your lips;
from where it drips, I will drink,—and I'll feel
your weight upon my own shoulders,—
leaving you to sleep in peace.

BONS SONHOS

Desperta os meus sentidos—
o canto de um pássaro.
Repete-se—repete-se—
e traz alegria aos meus ouvidos!

Então quando desejo sonhos doces—
sonhos doces para o meu querido,—
espero que aches uma delícia
ouvir as mesmas palavras todas as noites.

SWEET DREAMS

It awakens my senses—
the song of a bird.
It repeats—it repeats—
and brings joy to my ears!

So when I wish sweet dreams—
sweet dreams to my dear,—
I hope you'll find it a delight
to hear the same words every night.

UMA BENÇÃO

Que a noite seja terna.
Que te envolva
como eu te abraçaria.

A BLESSING

May the night be tender.
May it enfold you
the way I would hold you in my arms.

Amo-te com a precisão
de uma palavra latina.

I love you
 with the precision
of a Latin word.

Prezo a areia sobre a qual te deitas,
o espaço aéreo que as gaivotas
ocupam sobre a tua cabeça;
mas, mais do que isso,
prezo-te sobretudo.

I prize the sand on which you lie,
the space that seagulls
occupy above your head;
but more than these,
I prize you most especially.

No seu rosto, um traço
de deus grego—formidável,
de uma beleza arrebatadora.

In his face, a trace
 of Greek god—formidable,
arresting beauty.

BEIRA-MAR

Não te venero—
as tuas águas frias, luz que cura;—
mas quase que o faria.

SEASIDE

I don't worship you—
your cold waters, healing light;—
but I almost would.

Olhas para as flores
    e desfrutas da sua beleza.
Olho para o teu rosto—
    mais belo que elas—
e sei que a minha vida
    é melhor por conhecer
uma alma como a tua
    que na beleza tem prazer.

You look upon the flowers
    and take in their beauty.
I look upon your face—
    more beautiful than they—
and know that my life
    is better for knowing
a soul such as yours
    who in beauty takes pleasure.

DESCENDÊNCIA

Nas raízes, a tua força;
nas flores, o teu rosto.

Nas veias, o teu sangue—

descendência no fruto.

OFFSPRING

In the roots, your strength;
  in the flowers, your face.
In the veins, your blood—
offspring in the fruit.

Nenhum acordo do homem
pode impedir um coração de amar—
ou pássaros engaiolados de cantar.

No accord of man
can keep a heart from loving—
caged birds from singing.

AVE CANORA

Derrama, ave canora,
o teu cuidado no canto
(para lágrimas não tens tempo);—
mas leva contigo as almas aflitas
alivia todos os seus medos.

SONGBIRD

Pour out, songbird,
    your cares in song
(you have no time for tears);—
but carry troubled souls along
relieving all their fears.

O CANTO DO ESPÍRITO

O que vais cantar hoje, que canção,
pássaro da minha imaginação?
Com notas sublimes que se erguem, e erguem!—
que tentam o meu coração e deixam-me emocionada!
Pois ontem eu estava perdida,
sozinha, atirada à tempestade;
precisava mais do que tudo a tua canção ouvir,
cantando docemente ao meu ouvido.
[Somos muito iguais, tu e eu—
vítimas da velha mentira
de que o divino nos abandonou—
deixou-nos sozinhos, deixou-nos mortos.]
Mas regressaste, como sempre fazes,
renovando o meu coração a cada dia
com alguma nova canção,
pastoreando a minha vida!

SPIRIT SONG

What song today will you sing,
bird of my imagining?
With notes sublime that build, and build!—
tempt my heart and leave me thrilled!
For yesterday I was lost,
all alone and tempest-tossed,
and needed most your song to hear
caroled sweetly in my ear.
[We're much the same, you and I—
victims of the age-old lie
that the divine in us has fled—
left us lonely, left us dead.]
But you returned, as you do,
rendering my heart anew
with each new day, with some new song,
shepherding my life along!

Dizemos adeus

mas nunca partimos;

as coisas mudam,

mas ficam na mesma.

Minha febre, minha cura,—

belo paradoxo...

Juntos como um só—

cresce comigo.

We say goodbye

but never leave;

things change

yet stay the same.

My fever, my cure,—

beautiful paradox...

Together as one—

grow with me.

INSPIRAÇÃO

A minha realidade é o que faço dela;
então, o que explica a tua presença?
Não invento nada sobre ti, e mesmo assim,
estás no meio da minha criação:
Beleza, clareza,—inspiração!

INSPIRATION

My reality is what I make of it;
so, what explains your presence?
I invent nothing about you, and yet,
there you are in the midst of my creation:
Beauty, clarity,—inspiration!

DISTINÇÕES

Não estou a viver no passado
se escrever no presente, pois não?
Porque pôr os pés a caminho
é como uma caneta na mão.

A distinção entre o imaginário
e o real é criada por mim,
quer seja uma linha solitária
ou versos cheios de ti.

DISTINCTIONS

I'm not living in the past
 if I write in the present, am I?
For putting feet to the path
is like a pen in the hand.

The distinction between the imaginary
and the real is created by me,
whether it be a solitary line
or verses filled with you.

NO CENTENÁRIO DO NASCIMENTO DE EUGÉNIO DE ANDRADE
(1923-2023)

A Verdade disfarçada em verso
mantém-se nua sob o véu—

inalterável por construções vãs.

ON THE CENTENARY OF THE BIRTH OF EUGÉNIO DE ANDRADE (1923-2023)

Truth masked in verse stands
  naked 'neath the veil—unmoved
by vain constructions.

Um sonho não saboreado
é um sono desperdiçado.

A dream untasted
is sleep wasted.

SATISFAÇÃO

A boca de uma criancinha
convoca os dedos

e fica calma.

Enquanto vivermos,

é a boca, ainda,

que procura satisfação;—

ainda a mão que obedece,—

trazendo o fruto que,

com o tempo,

amadurece.

SATISFACTION

The mouth of a baby
summons the fingers
and she is soothed.
As long as we live,
it's still the mouth
that seeks satisfaction;—
still the hand that obeys,—
bringing the fruit
that ripens
with time.

Não me digas agora—
    mas quando chegar a hora—
o que faremos quando o Tempo for nosso
e todas as coisas forem possíveis...
Diz-me com os teus olhos!
Quero acreditar em coisas tão incríveis!
Mas aguarda até que a hora ocorra—
Não me digas agora!

Don't tell me now—

but when the hour arrives—

what we will do when Time is ours

and all things are possible...

Tell me with your eyes!

I want to believe in such incredible things!

But wait until the hour occurs—

Don't tell me now!

O BEIJO

Perto da porta, vou deixar a minha chave,
escondida numa árvore em vaso.
Quando chegares, deixa-te entrar;
vou saudar-te com um beijo ansioso.

THE KISS

Near the door I'll leave my key,
hidden in a potted tree.
When you arrive, let yourself inside;
I'll greet you with an eager kiss.

Este local de encontro dos espíritos
em busca da verdade e iluminação—
de sonhos, realidade, inspiração;
   o silêncio na música,
     a calma antes da tempestade...
Este espaço entre os teus olhos e os meus
tornaria até os deuses invejosos.

This meeting place of spirits
   in search of truth and illumination—
of dreams, reality, inspiration;
   the silence in the music,
   the calm before the storm...
This space between your eyes and mine
would render even the gods envious.

No calor do verão,
quando o suor está na testa,
um olhar carinhoso
traz a sombra da floresta.

In the heat of summer,
   when sweat is on the brow,
a fond look
brings the shade of the forest.

Quem vê o futuro?
Mas neste momento
passá-lo contigo
é tudo o que quero.

Who sees the future?
But in this moment
to spend it with you
is all that I want.

Painting and sculpture within Palácio dos Condes de Castro Guimarães (Torre de São Sebastião). Cascais, Portugal.

If there be cast a magic spell
   upon this very heart,
'tis Beauty's craft—I know it well—
she makes of it an art.

TÃO HUMANA

Penso nas pedras—olhos no chão.
Obedeço não aos meus humildes limites
que aprendi desde o nascimento,
mas aos de uma alma rebelde
cujo caminho é obscurecido pelo desejo;
cujas lágrimas caem quentes na calçada—
queimam mais quente que a cal...

Penso nas águas com saudade,
de fontes profundas onde a verdade
se revela num olhar temerário
num jardim clandestino vestido de branco
onde o tempo pára e nada se perde.
Mergulho com abandono imprudente.
Tão culpada, tão inocente.

SO HUMAN

I think upon the stones—eyes to the ground.
I obey not my own humble boundaries
learned from birth,
but those of some wayward soul
whose path is obscured by desire;
whose tears fall hot on the pavement—
burn hotter than the whitewash...

I think upon the waters with longing,
of deep sources where truth
is revealed in a daredevil gaze
in a clandestine garden dressed in white
where time stops and nothing is lost.
I dive in with reckless abandon.
So guilty, so innocent.

PROIBIDO, PERDOADA

Se não proibido,
o fruto ainda pareceria
tão bonito na árvore?

Se não perdoada,
a língua poderia recusar
a doçura da carne?

FORBIDDEN, FORGIVEN

If not forbidden,
would the fruit still seem
so beautiful on the tree?

If not forgiven,
could the tongue forgo
the sweetness of the flesh?

BEIJOS

Vem para os meus braços
   com os teus beijos—
tão quentes no meu rosto,
  no meu pescoso...
com o teu cabelo—como ondas suaves
  que deslizam
    e brincam entre os meus dedos...
Vem para os meus braços;—
  cobre-me de beijos.

KISSES

Come here to my arms
  with your kisses—
so warm on my cheek,
   my neck...
with your hair—like gentle waves
   that slip
      and play between my fingers...
Come here to my arms;—
   cover me with kisses.

ATÉ À HORA (MAIS UMA DESPEDIDA)

Quero revelar-me a ti
   (e tu a mim!)
como um livro aberto que lês;
quero que desejes o que vês—
que me tomes nos teus braços;
quero tomar-te nos meus,—
beber profundamente das águas
   que me deixam com sede por mais;
tremeremos como as folhas,
   esqueceremos que somos mortais,
até à hora da tua partida—
até que a última página
   seja lida...

UNTIL THE HOUR (ANOTHER FAREWELL)

I want to reveal myself to you
   (and you to me!)
like an open book that you read;
I want you to desire what you see—
to take me in your arms;
I want to take you in mine,—
to drink deeply from the waters
   that leave me thirsting for more;
we'll tremble like leaves,
   we'll forget that we're mortal,
until the hour of your departure—
until the last page
     is read...

DEIXAS-ME LOUCA

Cada manhã, todo o meu corpo acorda.
   Estás longe de mim,
mas as árvores dão fruto;—é o fim da Primavera
e penso em ti; deixas-me louca.

Enquanto a luz se prolonga no céu,
   aquece os meus membros.
Penso no teu toque—em como será
quando te voltar a ver;—deixas-me louca.

Podes perguntar o que estou a pensar
   quando o dia acaba:
Como me sinto, se a vida é boa...
Mas querido, já sabes!—deixas-me louca!

YOU DRIVE ME WILD

Each morning, my whole body wakes.
    You are far from me,
but the trees bear fruit;—it is late Spring
and I think of you; you drive me wild.

As light lingers overhead,
    it warms my limbs.
I think of your touch—of how it will be
when I see you again;—you drive me wild.

You may ask what I'm thinking
    when day is done:
How I feel, if life is good...
But darling, you know!—you drive me wild!

"Come here to my arms..." (p. 73). Sculpture is "Corpos" (2012) by Rogério Timóteo. Timóteo Art Gallery, Cidadela de Cascais. Cascais, Portugal.

"The *catalpa* blooms..." (p. 7). A blooming *catalpa bignonioides* (Árvore-das-trombetas). These trees were introduced to Portugal from North America. We have something in common: on 1 June 2018, I was also introduced to Portugal from North America.

"I arrived with the pigeons…" (p. 9) A Collared dove (Rola-turca) near the Jardins da Parede (Gardens of Parede) in Parede, Portugal.

"I came as a stranger..." (p. 11). View of the 25 de Abril Bridge (Ponte 25 de Abril) from the Linha de Cascais—the train line that connects Cascais with downtown Lisbon.

"I prize the sand on which you lie..." (p. 29) Along the shores of Cascais, Portugal.

"…only one will achieve the greater victory." (p. 103). Allegorical painting at Museu Nacional dos Coches in Belém, Portugal. The painting (ca. 1792-1799)—one of three oval ceiling murals—depicts an allegory of war symbolized by a figure with a helmet, spear and shield riding in a chariot drawn by two lions and escorted by the female figure Victory. The paintings were restored ca. 1904 by painters José Malhoa and António Conceição e Silva.

"All is vanity!" (p. 107). Sculpture is "Impulso" (2021) by Rogério Timóteo. Timóteo Art Gallery, Cidadela de Cascais. Cascais, Portugal.

Belém, Portugal.

"…in a clandestine garden dressed in white…" (p. 69) Clothes on the line. Parede, Portugal.

Dove taking flight. Parede, Portugal.

Azulejos (tiles) at Parque Marechal Carmona. Cascais, Portugal.

"The Goal of Victory" (p. 129) Pictured: Cais das Colunas—a late 18th century quay. Lisbon, Portugal.

"Creation springs from lonely hearts..." (p. 115) "O Desterrado" (The Outcast; or, The Exiled), 1872. By Portuguese sculptor António Soares dos Reis (1847-1889). Museu Nacional de Arte Contemporânea (MNAC), Museu do Chiado. Lisbon, Portugal.

Century plant (*Agave americana*). Along the shores of Parede, Portugal.

Centro de Investigação para o Desconhecido da Fundação Champlimaud (Champlimaud Center for the Unknown). Lisbon, Portugal (near Algés along the river).

"...they approached the fount..." (p. 117) Floor tiles at Igreja e Convento da Graça, next to the Miradouro Sophia de Mello Breyner Andresen in Lisbon, Portugal.

Pedras (stones) used to construct calçada portuguesa (Portuguese pavement). Parede, Portugal.

Esplanada at the Garden Caffé in Parede, Portugal within the Jardins da Parede.

"In the heat of summer…" (p. 63) Detail of a statue in the garden representing Portuguese writer António Feliciano de Castilho (1800-1875) at Parque dos Poetas (Park of the Poets) in Oeiras, Portugal.

"Who sees the future?..." (p. 65) Photo montage of a sunset over Cascais, Portugal from Praia das Avencas (Avencas Beach) in Parede; and a detail of a *catalpa bignonioides* in the foreground. Catalpas were introduced to Portugal from North America.

Convento do Carmo in Lisbon, Portugal—a former convent originally built between 1389 and 1423 and damaged by the earthquake of 1755. It was never fully restored..

"I look toward the waters like a sailor…" (p. 101) Praia das Moitas (Praia da Rata). Monte Estoril, Portugal.

MARÉ VAZANTE

A DISTÂNCIA

Escolho não viver uma vida no mar;
mas mesmo que os meus pés estejam em terra,
olho para as águas como um marinheiro
que procura no horizonte a sua pátria.
Veem-na nos meus olhos:—a Distância;—
estou ausente nos meus sonhos, à deriva...

EBB TIDE

THE DISTANCE

I choose to not live a life at sea;
  but even though my feet are on land,
I look toward the waters like a sailor
who searches the horizon for his homeland.
They see it in my eyes:—the Distance;—
I am absent in my dreams, adrift...

A LOUCURA DO AMOR

Incha dentro do meu peito:—
    o conhecimento da Beleza.
Mas nestas asas de loucura,
    de nada tenho a certeza!
Além de água e areia,
    quem sou eu? e mais,—de onde?
Se do espírito que nasci,
    posso amar-te bem de longe;
mas neste corpo temporal,
    Paciência e Paixão
vivem juntas (mas não como um só)—
    dentro do mesmo coração.
E, com o mesmo objetivo:—
    estar perto do Amado,—
apenas uma conseguirá
    a maior vitória.

THE MADNESS OF LOVE

It swells within my breast:—
    knowledge of Beauty.
But on these wings of madness,
   of nothing am I certain!
Apart from water and sand,
   who am I? and more,—from where?
If of spirit I was born,
   I can love you well from afar;
but in this temporal body,
   Patience and Passion
live together (but not as one)—
   within the same heart.
And, with the same goal:—
   to be near the Beloved,—
only one will achieve
   the greater victory.

Among the first blossoms on "Dédalo"—my Jalapeño Murcielago F2 pepper plant. Cross by, and seeds courtesy of, a friend.

BEFORE THE DAWN

Impatient blossom! hear my song;—
I know the winter lasted long,
yet he wins faith who trusts in Time,
who, far removed from warmer climes,
would heed this counsel that I bring
and overwinter till the Spring.
For naught but wormwood has the seed
that disregards such crucial need.
And early here and early gone
who, restive, rise before the dawn.

VAIDADE

Apesar da minha cara,
perdida de vergonha,
eu vim pedir desculpa—
custe o que custar.

Mas eu era egoísta;
se estivesse arrependida,
afastado ter-me-ia...
Tudo é vaidade!

VANITY

Despite my face,
lost in shame,
I came to apologize—
no matter the cost.

But I was selfish;
if I were truly sorry,
I would have stayed away...
All is vanity!

COMO A CORÇA

«*Quem semeia ventos colhe tempestades.*»

Bebo-a profundamente,
esta chávena quente de amargura,
opressiva na sua espessura,
ofensiva para a língua.
Ó, o meu espírito ergue-se como ácido;—
tira-a dos meus lábios!
Se estiver em teu poder,
deixa-me permanecer na tua graça—
para ofegar, como a corça,
pela água viva.

AS THE DEER

"He who sows the wind reaps the whirlwind."

I drink it deeply,
   this hot cup of bitterness,
oppressive in its thickness,
offensive to the tongue.
Oh, my spirit rises up like acid;—
take it from my lips!
If it be within your power,
let me abide in your grace—
to pant, like the deer,
for living water.

Por que chorar? Porquê agora?
Quando tudo está no seu lugar,

e como devia ser.

O que se pode dizer? —

Da boa semente nasce a flor,

e daquela flor, o fruto.

Porquê então o luto?

E o que mudou em relação ao mar?

Nem uma única coisa!

Cura o corpo e restaura a alma;

este é o seu ofício.

Diz-se que é a Natureza que ama?

Trabalha o solo! Dá bons frutos!

Sê batizado nas águas!

E todas as lágrimas secarão,

e encontrarás a Paz!

Why cry? Why now?
When everything is in its place,

and as it should be.

What can be said?—

From good seed grows the flower,

and from that flower, the fruit.

Why then the grief?

And what has changed about the sea?

Not one thing!

It heals the body and restores the soul;

this is its office.

You say it's Nature that you love?

Work the soil! Bear good fruit!

Be baptized in the waters!

And all tears will dry,

and you will find Peace!

Com um fôlego reservado,
solto as minhas mágoas
sobre cada nova folha e broto.
Pegam nas minhas dúvidas
e pintam-me algo bonito.

With a reserved breath,
I exhale my hurts
over each new leaf and bud.
They take my doubts
and paint me something beautiful.

FALTA

Quem vê o paraíso
senão os imperfeitos?—
conhece melhor a alegria
do que aqueles que sofrem?
A criação nasce
de corações solitários;
com os seus desejos,
um vazio preenchem.

DEARTH

Who envisions paradise
if not the imperfect?—
knows joy better
than those who suffer?
Creation springs
from lonely hearts;
with their longing,
they fill a void.

COMUNHÃO

Cheios de alegria,
apesar das suas dores,
como borboletas às flores,
aproximaram-se da fonte
e partilharam os elementos
da lembrança.

Com peso no coração,
partiram o pão e comeram;
pegaram no copo e beberam,
meditando sobre o sacrifício
e recebendo a bênção
da comunhão.

COMMUNION

Full of joy,
despite their pains,
like butterflies to flowers,
they approached the fount
and shared the elements
of remembrance.

Weighing the heart,
they broke bread and ate;
they took the cup and drank,
meditating on the sacrifice
and receiving the blessing
of communion.

QUE SEJA ASSIM

Se nos viermos a amar,
que seja em liberdade,
mesmo com a liberdade de partir.

E se escolhermos partir,
que seja para voltarmos,
que voltemos novamente uns para os outros.

Mas se o amor vier a morrer,
que seja ao mesmo tempo;—
que seja ao mesmo tempo, meu amor.

LET IT BE LIKE THIS

If we should come to love each other,
   let it be in freedom,
even with the freedom to leave.

And should we choose to leave,
let it be that we return,
that we return once more to one another.

But if love should die,
let it be at the same time;—
let it be at the same time, my love.

AO LEITOR

Quero que saibas que és livre—
aos meus olhos,—na realidade.
As minhas palavras—escrevo-as
num espírito de liberdade,
 e não para te prender.
Espero que as aceites assim,
 sempre a acreditar em mim—
 sempre a perceber.

O AUTOR.

TO THE READER

I want you to know that you are free—
in my eyes,—in reality.
My words—I write them
in the spirit of freedom,
   and not to bind you.
I hope you will accept them as such,
   always believing me—
      always understanding.

              THE AUTHOR.

És livre como um vento de verão;—
não me deves nada pela minha devoção.
Se não me podes dar a tua mão,
então mantém-me no teu coração.

You are free as a summer wind;—
   you owe nothing for my devotion.
If you can't give to me your hand,
   then keep me in your heart.

DESEJO LIBERTADO

Deves partir quando em mim sentires
um desejo que te acorrenta.
Voltar quando não precisar de ti,
e vou querer-te na mesma.

DESIRE SET FREE

You must leave when you sense a desire
    in me that renders you in chains.
Return when I no longer need you,
    and I'll want you just the same.

A TUA DESPEDIDA

A tua despedida
a tua despedida,
a tua despedida foi boa,
apropriada.

Da próxima vez,
da próxima vez,
da próxima vez, ó que seja
excessiva!

YOUR FAREWELL

Your farewell,
your farewell,
your farewell was good,
appropriate.

Next time,
next time,
next time, oh let it be
too much!

O GOLO DA VITÓRIA

Se o teu ganho é a minha perda,
então que doce perda é!
O teu céu ilumina-se;—
o meu escurece.
Mas nunca antes existiu
uma escuridão tão doce,
nem as estrelas brilharam tão
intensamente!

THE GOAL OF VICTORY

If your gain is my loss,
   then what a sweet loss it is!
Your sky brightens;—
   mine darkens.
But never before was there
such sweet darkness,
nor have the stars ever shone so
   intensely!

VENTOS DE MUDANÇA

Estes ventos em constante mudança
deixam-me inquieta.
No ar há esta incerteza—
dúvida deslocada.

Mas sabes que, para mim, és muito mais
do que os pensamentos
que passam ao sabor do vento
tentando os sentidos?

Amar-te é o princípio,
o meio e o fim.
É a viagem—e o caminho
de volta para ti.

WINDS OF CHANGE

These ever-changing winds
leave me restless.
In the air is this uncertainty—
misplaced doubt.

But do you know that you are much more to me
than the thoughts
that pass by in the wind
tempting the senses?

Loving you is the beginning,
the middle, and the end.
It is the journey—and the way
back to you.

ECOS DE UM ABRAÇO

Quer queira quer não,
aceito esta estação
em que me encontro;
e recebo-a, de bom grado,
com a recordação
do calor do teu abraço.

ECHOES OF AN EMBRACE

Like it or not,
 I accept this season
  in which I find myself;
 and I receive it, willingly,
  with the memory
 of the warmth of your embrace.

TU ÉS

És a «calma» em «vá com calma» —
a ponte duma canção;
as flores na primavera —
águas frescas no verão.

E quando me encontro
à deriva nas marés,
lembro-me destes confortos: —
lembranças de quem tu és.

YOU ARE

You're the "easy" in "take it easy"—
the bridge of a song;

flowers in springtime—

cool waters in summer.

And when I find myself

adrift in the tides,

I remember these comforts:—

Reminders of who you are.

Lembro-me das tuas palavras
simplesmente porque são poucas
e perspicazes.

I recall your words
   simply because they are few
and perspicacious.

CHAMA VITAL

Imagino o teu olhar a iluminar
a minha hora mais escura...
É poesia!—a própria esperança!—
sentir a chama vital surgir no meu rosto
apesar da tua ausência.

VITAL FLAME

I imagine your gaze illuminating
my darkest hour...
It is poetry!—hope itself!—
to feel the vital flame arise in my face
despite your absence.

P reencho o teu silêncio
com música, mas ainda te ouço
entre cada compasso.

I fill your silence
with music yet hear you still
between each measure.

Mais que um rosto,
mais que um nome;
vê-lo, dizê-lo,
satisfaz a fome.

More than a face,
more than a name;

seeing it, saying it,

satisfies the hunger.

A TUA MÃO

Lembro-me da tua mão na minha;
esta memória de ti não morreu.
Traça a tua mão num pedaço de papel
e envia-ma por correio.

Não percorrerá menos distância
do que a de um coração para o outro;
e vou sentir novamente o teu toque,
ao colocar a minha mão no contorno.

YOUR HAND

I remember your hand in mine;
this memory of you has not died.
Trace your hand on a piece of paper
and send it to me in the mail.

It will cover no less distance
than from one heart to another;
and I will feel again your touch,
placing my hand on the outline.

Não consigo ver, não saberei
que comida comes, que livros lês,
que música ouves, o que te faz feliz...
Não vou ver nada, mas vou manter
o meu sonho de um dia voltar;
e para este fim, eu vou esperar.

I can not see, I will not know
what food you eat, what books you read,
what music you listen to, what makes you glad...
I won't see anything, but I will keep
my dream of one day returning;
and for this end, I will wait.

Talvez possa voltar
quando eu for mais leve—
quando o peso da sombra se dissipar.
E no brilho daquela alvorada breve,
vais receber-me?

Maybe I can return
when I am lighter—

when the weight of the shadow dissipates.

And in the glow of that brief dawn,

will you welcome me?

ABAIXO DA SUPERFÍCIE

1.—MOLHADA

Por aqui a terra fica molhada,
e a Beleza está debaixo de uma teia—
escondida à vista.
Mas fica molhada na mesma.

BELOW THE SURFACE

1.—WET

Around here the earth is wet,
and Beauty lies beneath a web—
hidden from view.
But it gets wet just the same.

ABAIXO DA SUPERFÍCIE

2.—COMO INÊS

Sinto-me comovida
como Inês perante o seu rei.
Se isto não for amor,
então nunca antes amei.

BELOW THE SURFACE

2.—LIKE INÊS

I am moved
  like Inês before her king.
If this be not love,
then never have I loved.

ABAIXO DA SUPERFÍCIE

3.—AINDA AQUI

Nunca estás longe da minha mente;
uma luz arde dentro de mim.
Não vás tão longe à minha frente
que te esqueças que estou aqui.

BELOW THE SURFACE

3.—STILL HERE

You are never far from my mind;
a light burns within me.
Don't go so far ahead of me
that you forget that I'm here.

UM QUESTÃO DE CIÊNCIA

Não preciso da adulação dos estranhos—
afirmação dos algoritmos
que prometem facilitar resultados
    que não procurei,—
que realizam desejos com os
    quais nunca sonhei...
Só procuro a tua presença
(não é uma questão de ciência);—
só desejo o teu regresso;—
mas nem sequer *disso* preciso!

A MATTER OF SCIENCE

I don't need adulation from strangers—
affirmation from algorithms
that promise to facilitate outcomes
    I've not even sought,—
that fulfill desires
    I never even dreamed of...
I only seek your presence
(it's not a matter of science);—
I only desire your return;—
but not even *this* do I need!

SÓ EU

Só eu compreendo o meu sonho;
só eu o posso ver concretizar.
Sozinha, percorro o caminho estreito—
sem ninguém comigo empatizar.

ONLY I

Only I understand my dream;
only I can see it come to pass.

Alone, I walk the narrow path—

with no one to sympathize with me.

FRAGMENTO

Pela luz da lua gigante, andei sozinha.
Era dezembro, pouco antes da Lua Fria.

******

Paralisada por um medo
    que ultrapassa o meu desejo,
ansiava pela libertação...
Qual é o valor da lealdade
    sem amor no coração?

Negar a mim mesma
    as coisas que mais desejo
é suspender a respiração
    e parar o meu coração;—
vou extinguir-me como as chamas sem oxigénio.

Mas quem sou eu?
Que direito tenho eu a estas águas,

FRAGMENT

By the light of the gibbous moon, I walked alone.
It was December, just before the Cold Moon.

******

Paralyzed by a fear
    that surpasses my desire,
I longed for release...
Of what value is loyalty
    without love in the heart?

To deny myself
    the things I most desire
is to suspend the breath
    and stop the heart;—
I will extinguish like flames without oxygen.

But who am I?
What right have I to these waters,

    estas pedras, o luar?
De quem é o sonho
    que estou a sonhar?

E onde estou agora?
Onde está a bússola que costumava
    caber tão bem na mão?—
o tempo gasto em nada
    além da tua atenção?

As sombras falam—

«Vamos brincar como as crianças.
Cantaremos como pássaros canoros
e dançaremos nas nossas sepulturas.»

e eu sigo...

Mas posso dar um passo
    sem revelar o meu coração?
A minha vida inteira me trai!

these stones, the moonlight?

Whose dream is it

   that I'm dreaming?

And where am I now?

Where is the compass that used to

   fit so well in the hand?—

the time spent on nothing

   but your attention?

The shadows speak—

"Come, let us play like children.

We will sing like songbirds

and dance on our graves."

and I follow...

But can I take one step

   without revealing my heart?

My whole life betrays me!

Até o meu silêncio é teu.

Mas seria uma mentira viver de outra forma.

Então, vou continuar a andar

   (o que mais posso fazer?)

se continuares a perdoar.

E atrever-me-ei a ver

   onde esta estranha vida me leva!

Even my silence is yours.

But it would be a lie to live any other way.

So I'll go on walking
   (what else can I do?)
if you'll continue forgiving.

And I'll dare to see
   where this strange life leads!

TU, AMOR

Tu, que ensinaste a minha alma a cantar,
preencheste os meus dias e fizeste-os rimar.
Tu, que para mim, foste Nada e Tudo,
encontraste a minha voz, respondeste ao meu desejo.
Trouxeste aos meus olhos as coisas que murcham,
coisas que apenas por um dia duram;
não para mostrar o lado feio da vida,
mas que na morte pode haver beleza.
E belo, também, aquele mar imenso
onde encontrei a paz, onde eu pertenço...
Revelaste-mo, o meu espírito guiaste;
mas partiste tão depressa como chegaste
quando ousei dizer o teu nome, «Amor»...
No entanto, recuso-me a sofrer a dor,
pois esta é a lição que a rosa ensina:
A beleza vai e vem depressa;
mas um doce perfume permanece no seu rasto,
preenchendo o espaço vazio no meu peito.

YOU, LOVE

You, who taught my soul to sing,
filled my days and made them rhyme.
You, who for me, were Nothing and Everything,
found my voice, responded to my desire.
You brought before my eyes things that wither,
things that last but for a day;
not to show the ugly side of life,
but that in death there can be beauty.
And beautiful, too, that immense sea
where I found Peace, where I belong...
You revealed it to me, guided my spirit;
but you left as quickly as you came
when I dared to speak your name, "Love"...
Yet I refuse to suffer the pain,
for such is the lesson the rose teaches:
Beauty comes and quickly goes;
but in its wake lingers a sweet perfume,
filling the empty space in my breast.

Image by Sonja N. Bohm.

YOU, LOVE (ORIGINAL VERSION)

You, who taught my soul to sing,—
you,—who I made Everything
and Nothing at the same time,
filled my days and made them rhyme.
You, who answered my desire,
found my voice; you set on fire
things that wither and decay—
things that last but for a day;—
not to show their ugly side,
but that in such things abide
eternity; and lovely!—
lovely, too, that vasty sea
where I found Peace,—or it found me.
For it was you who led me there,—
led my spirit—unaware
that you would leave quick as you came
when once I dared to speak your name, "Love"...
Such the lesson of the rose:—
Beauty comes and Beauty goes,
yet in its wake a sweet perfume
fills the space in my heart-room.

Se não és tu
que me esperas à porta,
que seja a Misericórdia!

If it be not you
   who waits for me at the door,
let it be Mercy!

"Quando ficamos calados, igual a uma pedra, acabamos por escutar os sotaques da terra."

—Mia Couto

"When we remain silent, like a stone, we end up listening to the accents of the land."

—Mia Couto

SELEÇÕES DE

BANCO VAZIO POESIA

SELECTIONS FROM

EMPTY BENCH POETRY

PORTUGAL, AINDA

Tu és Portugal—ainda—
na minha memória, nos meus sonhos.
Na plenitude da vida,
na essência do ser.

Tu és Portugal—ainda—
«o tal poeta à solta»*—
criador da beleza
sem nada a perder!

Tu és Portugal—ainda—
e lembrar-me-ei sempre
como o peso destas palavras
foi recebido com prazer.

*Agostinho da Silva

PORTUGAL, STILL

You are Portugal—still—
in my memory, my dreams.
In fullness of life,
in essence of being.

You are Portugal—still—
"that poet on the loose"*—
creator of beauty
with nothing to lose!

You are Portugal—still—
and I'll always remember
how the weight of these words
was received with delight.

*Agostinho da Silva

SÓ UM PERFIL

A foz do rio,
    as ondas recuando,
      o jardim costeiro...
Este perfil é tudo o que vejo;
o resto está escondido—
    sob as águas,
      debaixo da terra...
Mas nunca foi meu para tomar;
sempre foi teu para dar.

ONLY A PROFILE

The mouth of the river,
    the receding waves,
    the coastal garden...
This profile is all that I see;
the rest is hidden—
    beneath the waters,
      below the earth...
But it was never mine to take;
it was always yours to give.

ORFEU, AINDA

Não precisava de olhar para trás,
mas olhou para trás!
E agora o teu olhar—
o teu olhar!—é tudo
o que vejo neste vazio.
No meu nada,
  no meu nada!—
    O meu tudo.

ORPHEUS, STILL

You didn't need to look back,
   but you looked back!
And now your gaze—
your gaze!—is all
that I see in this emptiness.
In my nothingness,
   in my nothingness!—
      My everything.

INVEJA

"o valor alheio nos tortura, revelando, com mais clareza, a nossa própria nulidade." —Teixeira de Pascoaes

O sol brilha—sinto o seu calor;
   Brilha para todos, e não lamento.
Brilhas na luz, e sinto o teu valor;
Brilhas para todos—em vão eu choro.

ENVY

"the value of others tortures us, revealing, with more clarity, our own nullity." —Teixeira de Pascoaes

The sun shines—I feel its warmth;
   It shines for all, and I mourn not.
You glow in its light, and I sense your worth;
You shine for all—I weep in vain.

INVERNO

Aí vem novamente: o vazio;
a inquietação não destinada a um ser eterno...
Mas não vou forçar os dias a rimar
como um poema banal com sons
que retornam a si mesmos—
que agradam aos ouvidos,
mas entorpecem a alma—
não;—vou dormir, mas vou sonhar,
e acordar renovada.

WINTER

Here it comes again: the emptiness;
the restlessness not meant for an eternal being...

But I'll not force the days to rhyme

like a trite poem with sounds

that return upon themselves—

that please the ears,

yet numb the soul—

no;—I will sleep, but I will dream,

and awake renewed.

Não é o desejo nem o fruto que é mau,
mas a submissão—a degustação...

Não quero viver com o peso, então

o fruto mais doce que nunca provei—

o desejo dentro de mim—eu sei

ainda na árvore está pendurado...

ainda espera para ser resgatado.

It's not the desire nor the fruit that is bad,
but the yielding—the tasting...
I don't want to live with the weight, so
the sweetest fruit I've never tasted—
the desire within me—I know
still hangs on the tree...
still waits to be redeemed.

Ele disse que a batalha
era dele e não minha.

Mas o que deseja?

Que lute na sua força

ou deponha a minha espada?

Batalha, Portugal.

He said that the battle
was his and not mine.
But what does he desire?
That I fight in his strength
or lay down my sword?

O RITMO DE BATALHA

"yet somewhere there is God." —William Dean Howells

Somente há ruído
onde há falta de ritmo—
sons discordantes:
o barulho da guerra...

Ou então há siléncio
onde há falta de ritmo—
um silêncio profundo:
a morte na batalha.

Mas um Deus de harmonia
transforma gritos em música...
E em face da guerra,
até os caídos cantam.

BATTLE-RHYTHM

"yet somewhere there is God." —William Dean Howells

There is only noise
where rhythm is lacking—
discordant sounds:
the din of war...

Or else there is silence
where rhythm is lacking—
a profound hush:
death in battle.

But a God of harmony
turns cries into song...
And in the face of war,
even the fallen sing.

O meu fardo é pesado,
    podes suportá-lo?
As minhas dúvidas são muitas,
    podes aliviá-las?
Tu seguras o meu coração
    e mantem-lo a bater;
estou a salvo nas tuas mãos
    pois me dás forças para viver...
O teu fardo é leve;—vou levá-lo.
Dás-me descanso;—em ti eu confio.

My burden is heavy,
 can you bear it?

My doubts are many,
 can you relieve them?

You hold my heart
 and keep it beating;

I'm safe in your hands
 for you give me strength to live...

Your burden is light;—I will accept it.

You give me rest;—I trust in you.

Memorizei o teu rosto

como um verbo conjugado:—

cada aspeto e modo.

O teu nome eu sussurro

como um juramento—

escondido num Noturno.

Cascais, Portugal. "Rosto" (2014) by Rogério Timóteo.

I memorized your face
   like a conjugated verb:—
  every aspect and mood.
Your name I whisper
like an oath—
  hidden in a Nocturne.

UM RETRATO

Castanho
o solo
que nutre as ervas

Escura

a noite

que lhes permite crescer

Carinhosas

as mãos

que podam as folhas

Picante

o fruto—

maduro para comer

A PORTRAIT

Brown
the soil

that nourishes the herbs

Dark

the night

that allows them to grow

Affectionate

the hands

that prune the leaves

Piquant

the fruit—

ripe to eat

COISAS VERDES

Coisas verdes—
As coisas verdes crescem

na tua janela

onde há sempre luz solar.

Coisas adoráveis—

que nas tuas mãos florescem

perto da janela

com vista para o mar.

GREEN THINGS

Green things—
Green things grow

in your window
where there is always sunlight.

Lovely things—
that in your hands blossom

near the window
overlooking the sea.

A erva não sabe de onde veio,
mas sabe bem quem cuida dela.
Conheço as mãos, mas não a arte—
o toque—que a transforma.

The herb knows not where it came from,
but it knows well who cares for it.
I know the hands, but not the art—
the touch—that transforms it.

DESENHOS

Cada golpe da tua caneta
no pedaço de papel
é como uma assinatura—
 única, verificável
como uma impressão digital—
como os veios destas folhas:
 sinuosas, complexas.
Um desenho intrincado
que se revela
na tua imaginação.

DESIGNS

Every stroke of your pen
on the piece of paper
is like a signature—
    unique, verifiable
as a fingerprint—
like the veins in these leaves:
    meandering, complex.
An intricate design
that reveals itself
in your imagination.

a liberdade de movimento
proibida pelo corpo

desperta na mente

freedom of movement
forbidden by the body

quickens in the mind

UM SONHO DE LOUCURAS

Respirando de dentro das sombras,—máscaras,
num sonho de pesadelos e loucuras
que se alinha com fragmentos de vigas
caídas de algum reino sombrio
onde o medo escapa dum buraco,
da terra;—duma sepultura da tristeza
onde ninguém distingue entre a noite e o dia...

Gigantes dançando o seu contentamento
e soando os trompetes, brandindo vidro...
fadas distanciando-se da travessura alegre,
esperando atentamente...
Nunca ninguém sofreu mais do que ela.
Nunca ninguém dançou mais do que ele
neste sonho de pesadelos e loucuras
onde gigantes e fadas
respiram de dentro das sombras...

A DREAM OF FOLLIES

Drawing breath from within shadows,—masks,
in a dream of nightmares and follies
that aligns itself with fragments from rafters
fallen from some funereal kingdom
where fear escapes from a hole,
from the earth;—from a grave of sadness
where no one distinguishes between night and day...

Giants dancing forth their glee
and sounding trumpets, brandishing glass...
fairies distancing themselves from merry mischief,
waiting attentively...
No one's ever suffered more than she.
No one's ever danced more than he
in this dream of nightmares and follies
where giants and fairies
draw breath from within shadows...

OUTONO

Sem pensar no frio,
   vamos trazer o inverno;
até vivermos sem nada,
   não vivemos a vida!

Filho de setembro, estou à espera;—
frio do outono, vem depressa!

AUTUMN

Thinking not of the cold,
    we'll bring forth the winter;
till we live with nothing,
   we haven't lived life!

Child of September, I'm waiting;—
chill of autumn, come with haste!

Sobre palácios e aldeias,
o mar e as colinas,
sobre toda a boa terra, voaremos.

Sem saber para onde vamos,
como o vento entre os ramos,
seremos livres, aceitando todos os riscos.

E quando olharmos para trás,
entenderemos que a paz
que viajou connosco tinha sido Deus.

Over palaces and villages,
the sea and the hills,
over all the good earth, we will soar.

Without knowing where we're going,
like the wind among the branches,
we'll be free, accepting all the risks.

And as we look back,
we'll understand that the peace
that journeyed with us had been God.

RESSURGENTE

Poesia que cai sobre
ouvidos surdos
sobe em asas para céus
mais recetivos.

Parque dos Poetas, Oeiras, Portugal.

RESURGENT

Poetry that falls on
deaf ears
rises on wings to more
receptive skies.

Da proa à popa,
de bombordo a estibordo,
carregado pesado
ele sofre o peso.

Onda sobre onda,
capturado pelo fluxo,
o seu casco flexiona
com gemido profundo.

From bow to stern,
from starboard to port,

heavy-laden

he suffers the weight.

Wave upon wave,

captured by the swell,

his hull flexes

with deep groaning.

O DEUS EM TI

Para viver em nós para sempre,
    Ele teve de nos deixar;
Mas prometeu voltar novamente—
    Para as nossas almas confortar.

Disse que ia ser assim:
    Onde ele está, nós estamos.
Se ele está presente em nós,
    Nunca nos separaremos.

O Deus em ti é o Deus em mim;—
Não precisamos de dizer adeus.

THE GOD IN YOU

To live in us forever,
    He had to leave us;
But he promised to come back again—
    Our souls to comfort.

He said it would be like this:
    Where he is, we are.
If he is present in us,
    We will never be apart.

The God in you is the God in me;—
We don't have to say goodbye.

O FAROL (NOTURNO)

Nevoeiro que esconde o pôr-do-sol
e o céu noturno roxo
não pode esconder o farol

universal que arde no meu peito.
A minha vontade mantém-no a arder;
para este fim fui feito:

Nunca extinguir, sempre para ser
singular de propósito:
uma vela para receber

o viajante solitário.

THE LIGHTHOUSE (NOCTURNE)

Fog that obscures the sunset
and the purple nocturnal sky
cannot hide the universal

lighthouse that burns in my chest.
My will keeps it burning;
for this end I was made:

Never to extinguish, always to be
singular of purpose:
a candle to receive

the solitary traveler.

VELAS BRANCAS

Nas ondas regressam:
Velas brancas que passam
pela minha mente e memória;—
alguns dias com clareza,
e outros dias
através de lágrimas...
Nem bons nem maus,
apenas dias em graus.
Espero na costa por um barco.

WHITE SAILS

In waves they return:
White sails that pass
through my mind and memory;—
some days with clarity,
and other days
through tears...
Neither good nor bad,
just days in degrees.
I wait on the shore for a boat.

O CANTO DO TORDO

Quando a noite é esquecida
e a Aurora aparece,
espero, espero pelo canto do tordo.

Quando o sol da manhã
traz a luz que aquece,
eu ouço, ouço o canto do tordo.

Quando as sombras brincam
e a cal arrefece,
repete, repete o canto do tordo.

Quando os olhos se cansam
e a vela escurece,
eu sonho, sonho com o canto do tordo.

THE SONG OF THE THRUSH

When night is forgotten
and Dawn appears,
I wait, I wait for the song of the thrush.

When the morning sun
brings the light that warms,
I hear, I hear the song of the thrush.

When shadows play
and the lime cools,
repeats, repeats the song of the thrush.

When the eyes tire
and the candle dims,
I dream, I dream of the song of the thrush.

THE AUTHOR.

ÍNDICE

INDEX

6	A Catalpa
8	A Primeira Luz
10	*Vim como uma estranha*
12	Respiro
14	Canções de Embalar
16	Se Soubesse
18	*Este dia é longo, mas perdoador*
20	O Meu Desejo (Um Noturno)
22	Bons Sonhos
24	Uma Benção
26	*Amo-te*
28	*Prezo a areia sobre a qual te deitas,*
30	*No seu rosto, um traço*
32	Beira-mar
34	*Olhas para as flores*
36	Descendência
38	*Nenhum acordo do homem*
40	Ave Canora
42	O Canto do Espírito
44	*Dizemos adeus*
46	Inspiração
48	Distinções
50	No Centenário do Nacimento de Eugénio de Andrade

7	The Catalpa
9	The First Light
11	*I came as a stranger*
13	I Breathe
15	Lullabies
17	If I Knew
19	*This day is long, but forgiving*
21	My Desire (A Nocturne)
23	Sweet Dreams
25	A Blessing
27	*I love you*
29	*I prize the sand on which you lie*
31	*In his face, a trace*
33	Seaside
35	*You look upon the flowers*
37	Offspring
39	*No accord of man*
41	Songbird
43	Spirit Song
45	*We say goodbye*
47	Inspiration
49	Distinctions
51	On the Centenary of the Birth of Eugénio de Andrade

52	*Um sonho não saboreado*
54	Satisfação
56	*Não me digas agora*
58	O Beijo
60	*Este local de encontro dos espíritos*
62	*No calor do verão*
64	*Quem vê o futuro?*
66	[imagem]
68	Tão Humana
70	Proibido, Perdoada
72	Beijos
74	Até à Hora (Mais Uma Despedida)
76	Deixas-Me Louca
78	[imagens]
100	A Distância
102	A Loucura do Amor
104	[imagem]
106	Vaidade
108	Como a Corça
110	*Por que chorar? Porquê agora?*
112	*Com um fôlego reservado*
114	Falta
116	Comunhão

53	*A dream untasted*
55	Satisfaction
57	*Don't tell me now*
59	The Kiss
61	*This meeting place of spirits*
63	*In the heat of summer*
65	*Who sees the future?*
67	*If there be cast a magic spell*
69	So Human
71	Forbidden, Forgiven
73	Kisses
75	Until the Hour (One More Farewell)
77	You Drive Me Wild
99	[images]
101	The Distance
103	The Madness of Love
105	Before the Dawn
107	Vanity
109	As the Deer
111	*Why cry? Why now?*
113	*With a reserved breath*
115	Dearth
117	Communion

118	Que Seja Assim
120	Ao Leitor
122	*És livre como um vento de verão*
124	Desejo Libertado
126	A Tua Despedida
128	O Golo da Vitória
130	Ventos de Mudança
132	Ecos de um Abraço
134	Tu És
136	*Lembro-me das tuas palavras*
138	Chama Vital
140	*Preencho o teu silêncio*
142	*Mais que um rosto*
144	A Tua Mão
146	*Não consigo ver, não saberei*
148	*Talvez possa voltar*
150	ABAIXO DA SUPERFÍCIE—I. MOLHADA
152	ABAIXO DA SUPERFÍCIE—II. COMO INÊS
154	ABAIXO DA SUPERFÍCIE—III. AINDA AQUI
156	Uma Questão de Ciência
158	Só Eu
160	Fragmento
166	Tu, Amor

119	Let It Be Like This
121	To the Reader
123	*You are free as a summer wind*
125	Desire Set Free
127	Your Farewell
129	The Goal of Victory
131	Winds of Change
133	Echoes of an Embrace
135	You Are
137	*I recall your words*
139	Vital Flame
141	*I fill your silence*
143	*More than a face*
145	Your Hand
147	*I can not see, I will not know*
149	*Maybe I can return*
151	BELOW THE SURFACE—I. WET
153	BELOW THE SURFACE—II. LIKE INÊS
155	BELOW THE SURFACE—III. STILL HERE
157	A Matter of Science
159	Only I
161	Fragment
167	You, Love

168 [imagem]

170 *Se não és tu*

Pear tree blossom.

SELEÇÕES DE *BANCO VAZIO POESIA*

176 Portugal, Ainda

178 Só um Perfil

180 Orfeu, Ainda

182 Inveja

184 Inverno

186 *Não é o desejo nem o fruto que é mau*

188 *Ele disse que a batalha*

190 O Ritmo de Batalha

169   You, Love (Original version)

171   *If it be not you*

Portuguese pavement stones.

SELECTIONS FROM *EMPTY BENCH POETRY*

177   Portugal, Still

179   Only a Profile

181   Orpheus, Still

183   Envy

185   Winter

187   *It's not the desire nor the fruit that is bad*

189   *He said that the battle*

191   Battle-Rhythm

192	*O meu fardo é pesado*
194	*Memorizei o teu rosto*
196	Um Retrato
198	Coisas Verdes
200	*A erva não sabe de onde veio*
202	Desenhos
204	*a liberdade de movimento*
206	Um Sonho de Loucuras
208	Outono
210	*Sobre palácios e aldeias*
212	Ressurgente
214	*Da proa à popa*
216	O Deus em Ti
218	O Farol (Noturno)
220	Velas Brancas
222	O Canto do Tordo

193	*My burden is heavy*
195	*I memorized your face*
197	A Portrait
199	Green Things
201	*The herb knows not where it came from*
203	Designs
205	*freedom of movement*
207	A Dream of Follies
209	Autumn
211	*Over palaces and villages*
213	Resurgent
215	*From bow to stern*
217	The God in You
219	The Lighthouse (Nocturne)
221	White Sails
223	The Song of the Thrush

www.ingramcontent.com/pod-product-compliance
Lightning Source LLC
Chambersburg PA
CBHW060507090426
42735CB00011B/2135